AF224679

MOYENS
DE COMBAT

<hr>

PARIS

IMPRIMERIE BALITOUT, QUESTROY ET Cᵉ

7, RUE BAILLIF, ET RUE DE VALOIS, 1S

1870

Pour défendre le sol à jamais sacré de la patrie, chacun doit faire ce qu'il peut, dans la mesure de ses forces.

Certains moyens, offensifs et défensifs, m'ont paru bons; je les soumets à l'appréciation de mes concitoyens.

MOYENS DE COMBAT

Exercices complémentaires.

1° Courir souvent au pas gymnastique, — exécuter ainsi différentes manœuvres qui se font ordinairement au pas.

Toutes les marches qui se font dans Paris par la garde nationale, la garde mobile ou l'armée, devraient se faire au pas gymnastique (1).

2° Manœuvrer le fusil comme parade de coups et comme attaque.

3° Peloton contre peloton — masse contre masse, s'attaquer avec énergie à la baïonnette à un intervalle de trois pas, pour ne pas se blesser.

4° Exécuter des feux : — peloton contre peloton — bataillon contre bataillon.

—

Il est très-essentiel d'habituer les citoyens à agir comme s'ils étaient devant l'ennemi.

Il est donc absolument nécessaire que les instructeurs ou officiers fassent exécuter ces différents exercices avec l'ensemble et surtout avec toute l'ardeur et toute la promptitude possible.

Cette activité corporelle, jointe à celle de l'esprit, augmente les forces et elle a surtout pour objet de stimuler le moral et de développer son énergie.

(1) Cela émotionnerait davantage l'esprit public.— C'est un petit moyen, mais il ne faut pas négliger les petits moyens, — leur réunion fait masse.

Au moyen des exercices indiqués, ce résultat est incontestable, et il est immense relativement à des hommes non aguerris.

Les premières fois il y aura des fatigues — on s'y fera — et elles endurciront le corps, elles fortifieront le caractère du citoyen au point de vue militaire.

Pour ces diverses raisons, j'espère que ces exercices seront adoptés, et qu'alors depuis le commencement du jour jusqu'à la nuit, on verra dans les rues, sur les boulevards, sur les places pnbliques, partout enfin, le spectacle d'un grand peuple qui se prépare à la défense de la patrie.

Ce spectacle impressionnera tout le monde et le moral de chacun sera surexcité, exalté.

Moyens défensifs.

1° Deux soldats prennent deux matelas liés ensemble et n'en formant qu'un seul. Un homme le tient à gauche, l'autre à droite par l'extrémité supérieure, de manière à ce que le matelas soit vertical. — Ils se masquent derrière. — Huit à dix hommes ou plus forment un peloton qui tire par-dessus le matelas qui les garantit en grande partie des balles de l'ennemi.

Dans l'abordage, un point important est de donner, au-dessous du matelas qu'on tient un peu élevé, des coups de baïonnette ou de lance ou de fourche, dans les jambes de l'ennemi qui ne s'y attend pas. Deux hommes remplissent cet office et les autres tirent par-dessus le matelas.

Une colonne peut être composée d'une infinité de pelotons semblables.

Or, des matelas, il y en a partout.

2° Ce qui suit serait bien préférable au moyen précédent.

Prendre une petite voiture à bras garnie à l'intérieur de fortes tringles en fer ou de fils de fer réunis, ou de cordes, entrecroisés de manière à former des obstacles pour entrer dans l'intérieur de la voiture et y avancer.

Placer un matelas déployé sur le plancher de a voiture.

Placer verticalement sur les brancards de la voiture et touchant le corps de la voiture une tôle épaisse, ou si cela ne se peut pas y placer deux matelas liés ensemble.

En placer également deux au-dessous de ceux-là, de manière à ce que tous ensemble ils forment une cloison verticale contre laquelle viendront s'amortir les balles, que ces balles viennent par-dessus ou par-dessous la voiture. — Les matelas doivent déborder un peu à gauche et à droite de la voiture pour que la garantie ait une plus grande surface.

Dans le moment du combat, la voiture doit être baissée à terre du côté de son arrière, — les brancards alors sont en l'air (1).

Bien que la voiture soit abaissée à son arrière, il ne faut pas que le plancher de l'arrière touche la terre, mais la terre est seulement touchée par les deux angles de gauche et de droite où seraient à cet effet fixée des bouts de tringle verticaux, — l'arrière de la voiture repose donc sur les extrémités inférieures de ces tringles verticales.

Dans cette position la voiture est inclinée et comme son plancher ne touche pas le terrain il y a un jour, c'est-à-dire une ouverture, entre le terrain et le plancher de la voiture.

(1) Un support plus long que celui qui existe actuellement, serait abaissé, et formant arc-boutant empêcherait la voiture de retomber du côté de l'avant.

Par cette ouverture on peut passer une lance ou une fourche d'une certaine longueur.

Cette fourche étant dans un sens horizontal est, vers son milieu, fixée à une corde; — cette corde remonte verticalement et est attachée à l'essieu de la voiture.

De manière que saisissant le manche de la fourche ainsi suspendue on peut en la poussant et en l'attirant ensuite vers soi former un mouvement de va-et-vient.

C'est au moyen de ce mouvement qu'on donne des coups dans les jambes des assaillants.

En outre on pratique une ouverture dans le bas du deuxième matelas vertical placé sous le brancard et on fait passer par cette ouverture le manche de la fourche.

Si l'on a bien compris, voici ce qui a lieu :

Un homme baissé tient le manche de la fourche qui passe par l'ouverture faite dans le matelas qui est devant lui et qui le garantit; alors il donne incessamment des coups de fourche soit à droite soit à gauche.

Derrière cet homme sont les autres qui tirent par dessus le haut de la voiture.

Si les assaillants veulent monter dans la voiture ils en sont empêchés par les traverses dont il a été question, et s'ils veulent les enjamber ils perdent du temps, sont embarrassés, et pendant ce moment on peut les fusiller et leur donner des coups de baïonnettes.

On peut également tirer des coups de fusil sous la voiture.

—

Lorsque le front d'une colonne est arrêté ou si l'on se forme en ligne de bataille ou en carré, et si l'on craint l'abordage de l'ennemi, il est nécessaire de relier toutes les voitures qui forment le front présenté à l'ennemi, de manière que toutes les voitures du front se soutiennent et ne puissent pas être séparées les unes des autres.

A cet effet, chaque timon de la voiture a deux bouts de corde préalablement fixés, l'un au commencement, l'autre à la fin du timon. — Étant placé devant une voiture, on attache les cordes du timon de droite avec les cordes du timon de gauche de la voiture qui est à sa droite. — On en fait autant avec la voiture qui est à sa gauche, — de manière que tous les timons, c'est-à-dire les brancards de toutes les voitures sont liés les uns avec les autres.

Lier ou délier les cordes cela n'est pas long.

—

Lorsqu'un carré est formé, il faut que l'intérieur du carré présente par toutes ses faces le front des voitures, de manière que, si l'ennemi fait une trouée dans le carré et qu'il y pénètre, il trouve intérieurement les mêmes obstacles qu'extérieurement.

Chaque côté du carré aurait donc au moins deux rangs de voitures de profondeur : — l'un présenterait sa face à l'ennemi extérieur, — l'autre présenterait sa face à l'ennemi intérieur.

Cet état de choses n'empêcherait nullement les hommes du deuxième rang de prêter leur aide, si elle était nécessaire, à ceux du premier rang, dans le cas où le carré ne serait attaqué qu'à l'extérieur.

—

Maintenant, si l'on est à distance de l'ennemi, on manœuvre ces voitures comme manœuvrent des pelotons.

On peut former des colonnes, des lignes de bataille, des carrés ; des régiments peuvent s'abriter derrière.

Elles sont légères et on peut les manœuvrer en courant.

Qu'on suppose que notre armée ait adoptée ce moyen, que de pertes cruelles évitées.

—

Il y a dans ce système un avantage qui est précieux

pour des soldats non habitués au feu : — c'est qu'ils son masqués et à l'abri, pour ainsi dire, des balles.

La conscience de cette position donne au combattant une grande assurance, et le fortifie contre le danger, surtout en plaine, — il ne fuit pas devant l'ennemi.

—

Pour mieux apprécier le moyen que je viens d'indiquer, voici ce que je demande au lecteur :

A 300 mètres de distance il y a, d'un côté, 500 combattants à découvert, — en face il y a également 500 combattants qui sont leurs adversaires, mais garantis par les petites voitures que je viens de décrire.

Qui doit l'emporter? et dans quel groupe le lecteur se placera-t-il?

Est-ce qu'il n'est pas évident qu'il y a plus de certitude d'être atteint là où ne sont pas les voitures? — Au contraire, ceux qui sont garantis perdent moins de monde et finissent par envoyer un plus grand nombre de balles que leurs adversaires, qui sont de plus en plus décimés.

3° En présence d'une artillerie aussi redoutable que celle des prussiens, on doit tout oser pour chercher à lui faire perdre sa suprématie.

Un moyen qui va être proposé contre l'artillerie, et que je me hasarde à soumettre, paraîtra bien aventuré — cela est vrai, mais je crois que dans certains cas il peut être utile, et il ne coûte rien de le proposer.

—

Avoir une longue barre de fer ou à défaut une réunion de tringles, reliées entre elles et présentant l'aspect d'un essieu.

Enrouler autour de cet essieu un matelas, qu'on lie avec des cordes ou fils de fer, — puis un autre qu'on lie également,— puis un autre encore, et toujours ainsi ; — on les enroule donc les uns par-dessus les autres, de manière que l'ensemble total présente comme aspect, une espèce de grand tonneau long de 3 mètres et d'un diamètre de 2 mètres et demi.

Les deux extrémités de l'essieu doivent dépasser la longueur de ce tonneau mobile.

A chaque extrémité de l'essieu, il y a l'extrémité d'une corde formant anneau, dans lequel anneau le bout de l'essieu doit se trouver engagé.

Ces deux cordes sont tirées par des chevaux, ou par des hommes. Si ce sont des hommes, ils tirent les cordes et par conséquent font avancer le tonneau.

Aussitôt qu'on est en présence de l'artillerie ennemie, les hommes s'arrêtent et, tenant les cordes, reviennent se placer derrière le tonneau.

Si l'on veut faire feu, les deux premiers rangs, d'une longueur égale à celle du tonneau mobile, se mettent à quatre pattes, les deux rangs suivants montent sur le dos des deux premiers rangs, et étant à la hauteur du tonneau peuvent tirer en posant, s'ils le jugent nécessaire, leur fusil sur le tonneau. — Cette manœuvre est indiquée à cause du diamètre du tonneau, diamètre nécessité pour avoir une plus grande résistance contre le boulet.

Si l'on veut avancer contre l'ennemi afin de ménager les hommes, on pousse le tonneau à force de bras en le faisant tourner sur lui-même et en se servant de l'extrémité du canon de fusil comme d'un levier, après avoir bouché le canon du fusil pour que la terre n'entre pas dedans.

Pour manœuvrer le tonneau, l'on pourrait aussi avoir deux longs brancards en place de cordes. Ces deux brancards seraient liés par des traverses contre lesquelles se placeraient des hommes pour pousser le tonneau.

Un autre moyen pour faire avancer les tonneaux serait celui-ci :

Les tonneaux seraient plus petits de diamètre, plus légers par conséquent, et il ne serait peut-être pas impossible de faire ce qui suit :

Supposons une ligne de bataille formée par un front de tonneaux mobiles.

Derrière cette première ligne en existe une seconde.

Chaque tonneau de cette seconde ligne, touchant les tonneaux de la première ligne, est monté à force de bras par-dessus les tonneaux qui sont devant et retombent du côté de l'ennemi, de telle sorte que les combattants avançant, prennent les tonneaux qui sont près d'eux, et, de même que dans la première manœuvre, les font retomber par-dessus les tonneaux qui sont en avant, et toujours ainsi, — de cette manière on avance lentement, mais avec beaucoup moins de pertes qu'actuellement.

Si on a de l'artillerie, on ménage un espace entre les tonneaux qui sont rangés en bataille, et dans chaque intervalle est une pièce de canon ou une tirailleuse qui fait feu sur l'ennemi.

Derrière cette ligne de tonneaux mobiles peuvent être des régiments à l'abri des boulets.

———

On peut encore avoir des voitures grandes et larges chargées de matelas jusqu'à une hauteur de 3 mètres. On retire les chevaux et l'on abaisse la voiture à l'arrière.

———

On peut également adopter le moyen suivant : Voyez d'ici l'essieu et les deux roues d'une voiture ordinaire. Les deux roues sont naturellement aux deux extrémités de l'essieu. Eh bien ! enveloppez l'essieu de matelas enroulés tout autour, et arrêtez-vous lorsque ce cylindre u tonneau, composé de matelas, aura un diamètre tel que sa partie inférieure ne touche pas la terre, et cela afin de permettre aux roues de tourner facilement lorsqu'on voudrait faire marcher l'appareil, ce qui n'arriverait que difficilement si les matelas touchaient le terrain.

Maintenant, agrandissez par la pensée et les roues, et l'essieu, et le tonneau. Ne craignez pas de donner aux roues jusqu'à trois mètres de diamètre, et le reste en proportion (1).

Ajoutez des cordes ou des brancards aux extrémités de l'essieu, et vous aurez un tonneau mobile plus facile à manœuvrer que s'il n'y avait pas de roues. Seulement, cet appareil coûterait plus cher et serait plus long à fabriquer que celui précédemment décrit.

Quant on est tranquille chez soi, l'on peut rire de ces différents moyens et les trouver impraticables ; mais lorsqu'on est au milieu du danger et lorsqu'on est aiguillonné par lui, lorsqu'il faut absolument le surmonter ou périr, la résolution, l'énergie, la rage, enflamment les combattants, rien ne paraît impossible, et l'on accomplit des faits bien autrement difficultueux que celui-ci.

Contre les bombes.

Serait-il téméraire de proposer l'essai suivant :

(1) Au moment du tir de l'ennemi, il faudrait penser à mettre au pied des roues des calles, composées chacune d'un matelas enroulé sur lui-même, afin d'amortir en partie le recul du tonneau. — Pendant la marche, ces calles, reliées par une corde, seraient placées sur le tonneau. Elles ne gêneraient pas.

On mettrait également dans l'intérieur de la voiture un matelas vertical sur le côté à gauche et un autre à droite. — De telle sorte qu'une colonne recevant le feu sur le flanc, les hommes pourraient se masquer sur l'un des côtés de la voiture, et continuer la marche en la faisant avancer; — pour ce faire, on pousse dans le sens de la marche le côté de la voiture derrière lequel on se trouve masqué, et on fait tourner la roue pour accélérer la marche.

Lorsque la bombe est lancée on la voit et elle décrit une courbe dans une certaine direction.

L'homme le plus adroit de chacun des pelotons dans la zône desquels la bombe paraît devoir tomber, tire dessus ; — si elle est atteinte, il semble qu'elle doive éclater par le choc de la balle, puisque lorsquelle éclate dans les cas ordinaires, ce n'est que par suite du choc produit en touchant le terrain.

J'émets ceci à tout hasard, et si l'idée ne paraît pas absurde aux hommes compétents, on pourrait faire des essais.

Manœuvre nouvelle pour augmenter le feu.

Actuellement, les deux premiers rangs tirent. — Il me semble que le troisième rang devrait se mettre à genoux, se pencher un peu en avant et passer les fusils sans baïonnettes entre les jambes des deux premiers rangs, de manière que l'extrémité du canon de fusil dépasse un peu le niveau du premier rang.

C'est surtout avec les fusils se chargeant par la culasse qu'on pourrait exécuter ce qui précède.

Cette manœuvre serait très-exécutable, très-facile, et il y aurait un avantage considérable, celui d'obtenir une moitié de feux de plus qu'actuellement. — J'appelle sur ce fait la plus sérieuse attention. — Augmenter de la moitié le nombre des balles tirées, serait, il me semble, un immense résultat.

Tir consécutif et sans arrêt avec des fusils à piston.

Voici ce qui pourrait avoir lieu. Les deux premiers rangs tirent ; aussitôt qu'ils ont tiré, ils repassent vive=

ment leurs fusils déchargés au troisième rang, celui-ci les repasse au quatrième, et ainsi de suite ; mais tandis que les hommes des troisième et quatrième rangs repassent chacun d'une main le fusil déchargé, ils transmettent de l'autre main les fusils chargés par les derniers rangs. Les derniers rangs sont donc continnellement occupés à charger pendant que les deux premiers tirent incessamment.

De cette manière, le feu, même avec des fusils à piston, doit être continuel, et les deux premiers rangs peuvent, je le suppose, tirer, dans l'espace d'une minute, 20 coups environ par chaque soldat.

Moyen de se garantir individuellement.

Chacun peut s'appliquer cinquante à soixante feuilles de papier à journal ou autre sur la poitrine, autant sur le ventre, autant tout le long du dos.

Des rubans relieraient la partie supérieure du devant à celle du dos, et ces rubans s'appliqueraient sur les epaules, ce qui maintiendrait le plastron.

Il faut, sur la face du corps, établir des divisions de papier plutôt qu'un plastron composé de grandes feuilles, parce que ces divisions permettent au corps de se plier.

Avec trois divisions, cela suffit : une sur la poitrine, une seconde jusqu'au nombril, une troisième jusqu'au bas du torse. Cette dernière, pl us étroite à la partie inférieure, afin de ne pas gêner les mouvements des cuisses.

Ces divisions sont reliées les unes aux autres par des attaches.

En outre, il faudrait mettre entre le plastron et la chemise un morceau de couverture de laine épaisse ou toute autre étoffe, avec de la ouate, afin d'amortir le choc de la balle.

Ce plastron aurait encore son utilité ; il empêcherait d'avoir froid la nuit, et, en outre, s'il pleuvait longtemps, l'eau ne pouvant le traverser n'atteindrait pas les parties du corps sur lequel il serait placé.

J'ai fait des essais. Quarante feuilles de papier ont été mises contre un mur. A trois pas de distance, la balle n'a pas traversé et a rebondi.

L'on comprend que ce moyen, s'il ne garantit pas d'une manière absolue, doit cependant atténuer la force de la balle, et qu'il vaut mieux avoir une forte contusion qu'une balle qui vous entre dans le corps.

Ce moyen tend donc, en même temps qu'il préserve, à raffermir, à rassurer l'homme qui va au feu, point de la dernière importance.

—

Que la garde nationale et même la troupe de ligne adoptent quelques-uns des moyens présentés dans cette esquisse et ils protégeront la vie des braves défenseurs de notre chère patrie.

Les membres du nouveau gouvernement, si éminents, si grands patriotes, et le général si digne de l'estime et de la confiance publiques, voudront-ils mettre une partie des moyens indiqués en application immédiate s'ils en reconnaissent l'utilité ? Aux grands périls il faut des moyens extrêmes. — Qu'on fasse promptement quelques essais partiels, par exemple avec cent hommes, et l'on pourra juger.

—

Ce petit écrit est fait à la hâte, qu'on ne fasse attention qu'à la bonne volonté ; je compte sur la sympathie du lecteur pour m'absoudre si je me suis trompé.